令和6年度学力検査［特別］

国語

（45分）

JN046716

岡山県公立高等学校

受検上の注意

1　「始めなさい。」の指示があるまで、問題を見てはいけません。

2　解答用紙は、この表紙の裏面です。

3　指示があったら、解答用紙と問題用紙を全部調べなさい。問題用紙は1ページから11ページにわたって印刷してあります。もし、ページが足りなかったり、やぶれていたり、印刷のわるいところがあったりした場合は、手をあげて監督の先生に言いなさい。そのあと、指示に従って解答用紙に受検番号、志願校名を書き入れてから始めなさい。

4　解答用紙の定められたところに、記号、数、式、ことば、文章などを書き入れて答えるようになっていますから、よく注意して、答えを書くところや書き方をまちがえないようにしなさい。

5　答えが解答欄の外にはみ出したり、アかイかよくわからない記号を書いたりすると、誤答として採点されることがあります。

6　解答用紙に印刷してある［　］や［※　］には、なにも書いてはいけません。

7　メモなどには、問題用紙の余白を利用しなさい。

8　「やめなさい。」の指示があったら、すぐに書くのをやめ、解答用紙を机の上に広げて置きなさい。問題用紙は持ち帰りなさい。

9　解答用紙は、検査室からいっさい持ち出してはいけません。

解答用紙

受検番号
（算用数字）
志願校

注意　字数が指定されている設問では、「、」や「。」も一ます使いなさい。

1

(1)①	(1)②	(1)③	(1)④	(2)	(3)	(4)①	(4)②	(5)①	(5)②	(5)③	(5)④
	った		す								

2

(1)	(2)	(3)	(4)①	(4)②

※

※70点満点
（配点非公表）

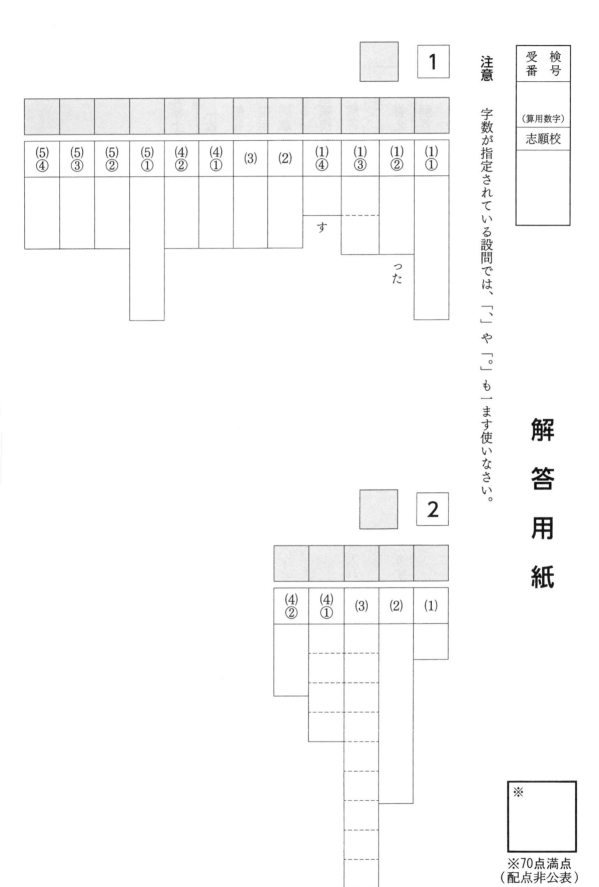

問題は、次のページから始まります。

1

次の(1)～(5)に答えなさい。

(1) ①～④の――の部分について、①、②は漢字の読みを書きなさい。また、③、④は漢字に直して楷書で書きなさい。

① 彼はなんの魂胆もなく人を助ける。

② 恥ずかしさのあまり手で顔を覆った。

③ 雨天のため大会がエンキされた。

④ 涼しい時間帯に畑をタガヤす。

(2) 次の（例）の「ない」と同じはたらきの「ない」を含む文は、**ア**～**エ**のうちではどれですか。一つ答えなさい。

（例） 次の手順がわからない人はいますか。

ア 手がかりはないけれど、探しに出かけよう。

イ デザートを食べられないほど満腹になった。

ウ 弟のあどけない笑顔にいつも癒される。

エ 雲一つない、美しい青空が広がっている。

(3) 次の慣用句と最も近い意味をもつことばは、**ア**～**エ**のうちではどれですか。一つ答えなさい。

お茶を濁す

ア ごまかす　**イ** もてなす　**ウ** 工夫する　**エ** 失敗する

(4) ①、②につけたときに正しい三字熟語となる漢字として適当なのは、**ア**～**エ**のうちではどれですか。それぞれ一つ答えなさい。

① 日常　② 公平

ア 未　**イ** 無　**ウ** 非　**エ** 不

(5) 国語の授業で備前焼《びぜんやき》について調べた陽子さんは、インタビューに応じてくれた備前焼工房の方々にお礼の手紙を書きました。次の【手紙の一部】を読んで、①～④に答えなさい。

【手紙の一部】

拝啓

　すがすがしい若葉の季節となりましたが、いかがお過ごしでしょうか。

　さて、先日はご多忙の折、私のためにお時間をいただきましてありがとうございました。皆様のお陰で、多くのことを学ぶことができました。お話をⓐ聞いたうえで工房での制作の様子を見せていただいたので、備前焼作りへの理解が一層深まりました。一つ一つ異なる備前焼の美しさは、とても繊細で時間のかかる工程に、職人の皆様が昼夜を問わず向き合われているからこそ生まれているということがよく分かりました。そうした、［ⓑ］には身につかない技術や姿勢から生まれる備前焼の魅力を伝えられるよう、発表の準備を進めていきたいと思います。この度は貴重なお話を聞かせていただき、誠にありがとうございました。

敬具

［ⓒ］

① ⓐ「聞いた」とありますが、「聞く」を、ここで用いるのにふさわしい一語の敬語に直し、終止形で書きなさい。

② ［ⓑ］に入れることばとして最も適当なのは、**ア**～**エ**のうちではどれですか。一つ答えなさい。

ア 一朝一夕　**イ** 朝三暮四　**ウ** 千差万別　**エ** 一日千秋

③ ［ⓒ］に入れる日付《ひづけ》として最も適当なのは、**ア**～**エ**のうちではどれですか。一つ答えなさい。

ア 二月七日　**イ** 五月七日　**ウ** 八月七日　**エ** 十一月七日

④ 【手紙の一部】の修正すべき点として最も適当なのは、**ア**～**エ**のうちではどれですか。一つ答えなさい。

ア 前文に適切な頭語が書かれていないので、末文の結語に対応した頭語を付け加える。

イ 主文に訪問で学んだことが書かれていないので、理解したことを具体的に付け加える。

ウ 主文に感謝の気持ちが書かれていないので、訪問させていただいたお礼を付け加える。

エ 末文に結びの言葉が書かれていないので、相手の健康を気づかう言葉を付け加える。

2　次の文章は、『古今和歌集』（『古今集』）および『後拾遺和歌集』（『後拾遺集』）の和歌を引用して書かれた解説文です。これを読んで、(1)〜(4)に答えなさい。

霞《かすみ》立つ　春の山辺は　遠けれど　吹きくる風は　花の香ぞする　（古今・春下・一〇三・在原元方《ありわらのもとかた》）

ⓑ明けばまづ　尋ねにゆかむ　山桜　こればかりだに　人に遅れじ　（後拾遺・春上・八三・橘　元任《たちばなのもととう》）

ⓒ花見にと　人は山辺に　入り果てて　春は都ぞ　寂しかりける　（後拾遺・春上・一〇三・道命法師）

お詫び
著作権上の都合により、文章は掲載しておりません。
ご不便をおかけし、誠に申し訳ございません。
教英出版

（出典　柏木由夫《かしわぎよしお》『平安和歌・物語に詠まれた日本の四季』）

（注）　在原元方、橘元任、道命法師――いずれも平安時代の歌人。

(1)　ⓐ に入れるのに適当なことばを、和歌の中から漢字一字で抜き出して書きなさい。

(2)　「ⓑ明けばまづ」の読みを、現代かなづかいを用いてすべてひらがなで書きなさい。

(3)　「ⓒ花見にと……寂しかりける」の和歌が果たしている役割を説明した次の文の□に入れるのに適当なことばを、十字以内で書きなさい。

当時の都の人々にとって□という行動が一般的であったことを示し、筆者の考えを裏付ける役割。

(4) 解説文を読んで筆者の考えに興味をもった裕太さんは、『古今和歌集』と『後拾遺和歌集』について調べた内容を整理して、奈緒さんに見せました。次の【裕太さんのメモ】と【奈緒さんとの会話】を読んで、①、②に答えなさい。

【裕太さんのメモ】

Ⅰ　枝よりも　あだに散りにし　花なれば　おちても水の　泡とこそなれ（『古今和歌集』）

※

Ⅱ　山桜　みにゆく道を　へだつれば　人のこころぞ　かすみなりける（『後拾遺和歌集』）

※

（片桐洋一《かたぎりよういち》『原文＆現代語訳シリーズ　古今和歌集』、藤本一恵《ふじもとかずえ》『後拾遺和歌集全釈　上巻』を参考に作成）

【奈緒さんとの会話】

裕太　解説文の内容と関係がありそうな和歌を見つけたよ。解説文とこの二首の和歌にどんな関係を見つけたかわかる？

奈緒　Ⅰの和歌はすぐにわかったよ。解説文で具体例が挙げられなかった、[ⓓ]を詠んだ和歌だね。当時の人々が平安京で[ⓓ]を見ていたという筆者の解説を、この和歌でより深く理解できたよ。

裕太　そう言ってもらえると嬉《うれ》しいよ。Ⅱの和歌はどうかな？

奈緒　そっちはよくわからなかったな。筆者が解説文で取り上げていた二首の和歌と同じような印象を受けたよ。

裕太　その通りだよ。Ⅱの和歌と筆者が取り上げた二首の和歌には、ⓔ筆者が述べていた『後拾遺和歌集』の特徴以外にも共通する特徴があると思ったから取り上げたんだ。

① [ⓓ]に入れるのに適当なことばを、解説文から四字で抜き出して書きなさい。

② ⓔ「筆者が……特徴がある」とありますが、解説文で取り上げられた『後拾遺和歌集』の二首の和歌と裕太さんの取り上げたⅡの和歌に共通する特徴として最も適当なのは、**ア**～**エ**のうちではどれですか。一つ答えなさい。

ア　あるがままの自然を愛する人々の様子を描いており、自然そのものの魅力を引き立てるように人間を対比的に配置している。

イ　自然を観賞することに積極的な人々を描く一方で、自然の美しさには言及せず主に他者の行動に対する関心が示されている。

ウ　遠くにある自然に対して憧れを抱く人々を描く一方で、実際は都の様子や霞など身近にあるものばかりを捉えようとしている。

エ　自然を直接見たいと願う人々の様子を描いており、すぐ近くで味わった自然の美しさを描き出すことに焦点が当てられている。

3

次の文章は、高校生の「航大」が、空き地で出会った小学生の「ケンゴ」と二人でサッカーをしている場面です。「ケンゴ」のなくしたボールを「航大」が見つけたことをきっかけに、二人はそのまま空き地でサッカーを始めました。これを読んで、(1)～(5)に答えなさい。

道路の方から、甲高いはしゃいだ声が聞こえた。複数の子供の声だ。賑《にぎ》やかにお喋《しゃべ》りをしながら、こちらに近付いている。

航大は足元にボールを止め、空き地の入り口へと顔を向ける。活発そうな男の子たちが現れ、こちらに気付いて足を止めた。昨日、ケンゴと口論をしていた上級生たちだ。人数も昨日と同じ六人だが、顔ぶれまで一緒かどうかはわからない。

横目でケンゴを窺《うかが》うと、先程までの陽気な気配はすっかり消え去っていた。彼らへと向ける視線の鋭さからは、明確な敵意が見て取れた。

上級生たちは、昨日に続いて現れた見慣れぬ男の存在に困惑しているようだ。航大の方を見ながら、何事か話している。

ふと閃《ひらめ》いて、航大はボールを足の裏で転がしながら、片手を上げた。

「おーい。よかったら、一緒に遊ぼうぜ」

航大が声をかけると、上級生たちはさらに困惑の色を濃くした。互いに顔を見合わせ、相談するように言葉を交わしている。

ムスッとした顔で、ケンゴが寄ってくる。

「俺、あいつらと一緒なら遊ばないよ」

「そう言うなって。大勢で遊ぶのも、楽しいぞ」

「あいつらとじゃあ、楽しめないよ」

「やってみないとわからないだろ」

ⓐ「わかるよ」

「まあまあ。今回だけ、な」

航大が優しく諭すと、ケンゴは反論を止めた。彼なりに、ボールを見つけてもらった恩義を感じているのかもしれない。不服そうではあるが、立ち去ったりはしなかった。

上級生たちの中からひとり、坊主頭《ぼうずあたま》の少年が航大へと歩み寄り、訊《たず》ねる。

「遊ぶって、何をするの？」

「そうだな。いい感じの人数だし、四対四でサッカーのミニゲームはどうだ？　その辺の木か石をゴールに見立てて、ゴールキーパーはなしってルールで」

「わかった」

「それじゃあ、そっちから誰か二人、こっちのチームに貸してくれ。ハンデとして、俺はシュートを打たないから」

坊主頭の少年が友人たちの元へ駆け、また何か相談してから戻ってきた。

「いいよ。ただ、ハンデはいらない」

問題は、次のページから始まります。

1 次の (1) ～ (4) の計算をしなさい。(5) ～ (9) は指示に従って答えなさい。

(1) $4-(-8)$

(2) $\left(-\frac{5}{6}+\frac{3}{4}\right)\times 12$

(3) $4(a-2b)+3(-a+5b)$

(4) $(-10a^4b^3)\div 2a^3b$

(5) x^2-x-12 を因数分解しなさい。

(6) 方程式 $2x^2+5x-1=0$ を解きなさい。

(7) 図のような、半径 6 cm、中心角 210° のおうぎ形があります。このおうぎ形の面積を求めなさい。

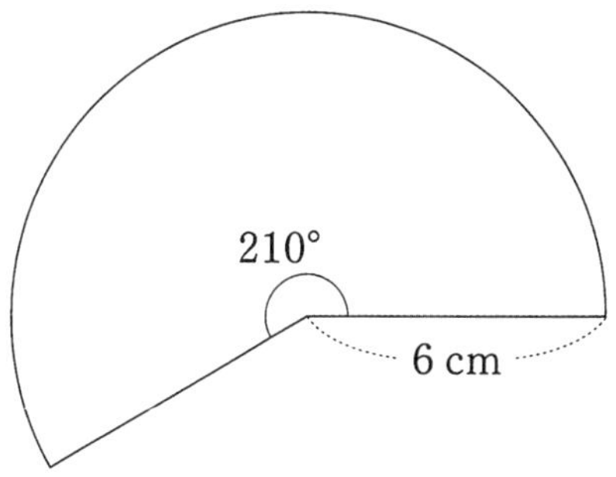

(8)　袋の中に、白玉３個、黒玉２個が入っています。この袋の中から玉を同時に２個取り出すとき、取り出した玉が２個とも白玉である確率を求めなさい。ただし、どの玉が取り出されることも同様に確からしいものとします。

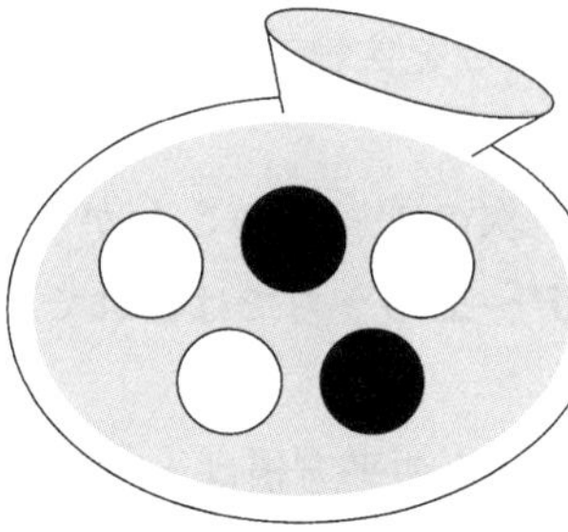

(9)　関数 $y = ax^2$ があり、x の変域が $-2 \leqq x \leqq 4$ のとき、y の変域が $-8 \leqq y \leqq 0$ です。①、② に答えなさい。ただし、a は定数とします。

①　この関数のグラフの $-2 \leqq x \leqq 4$ に対応する部分を実線で表したものとして最も適当なのは、**ア**～**エ**のうちではどれですか。一つ答えなさい。ただし、点 O は原点とします。

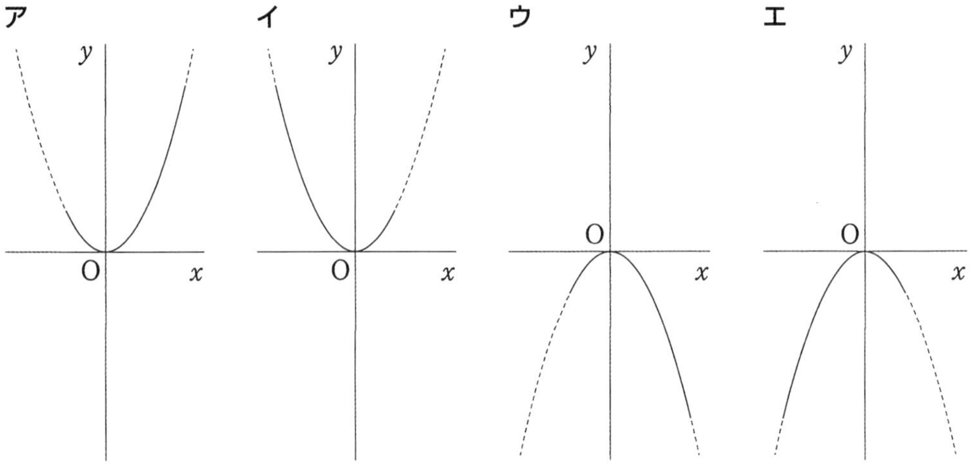

②　a の値を求めなさい。

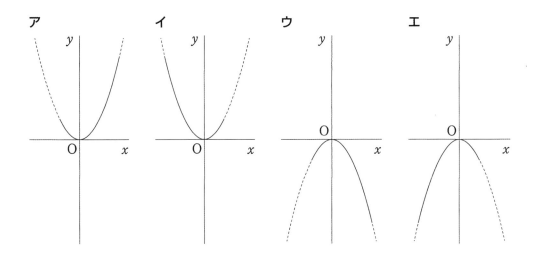

2 **問題Ⅰ**、**問題Ⅱ**に答えなさい。

問題Ⅰ

根号を含む式などについて、(1)～(3)に答えなさい。

(1) 次の①、②のことがらについて、内容の正誤を表したものとして最も適当なのは、**ア**～**エ**のうちではどれですか。一つ答えなさい。

① 5の平方根は$\pm\sqrt{5}$である。

② $\sqrt{(-5)^2}$を根号を使わないで表すと-5である。

ア ①、②のどちらも正しい。　**イ** ①のみ正しい。

ウ ②のみ正しい。　**エ** ①、②のどちらも誤っている。

(2) 次の数について、無理数であるものは、**ア**～**オ**のうちではどれですか。当てはまるものをすべて答えなさい。

ア $-\sqrt{4}$　**イ** $\frac{11}{3}$　**ウ** -0.7　**エ** $\frac{8}{\sqrt{2}}$　**オ** $5\sqrt{5}$

(3) $\sqrt{48}-\sqrt{3}$と$\sqrt{30}$はどちらが大きいですか。解答欄の□に不等号を書いて答えなさい。ただし、答えを求めるまでの過程も書きなさい。

問題Ⅱ

両端にはそれぞれ4個、継ぎ目には6個のボルトを使用するガードレールがあり、継ぎ目の数が1か所増えるごとに、使用するボルトの数は6個増えます。(1)～(3)に答えなさい。

ガードレールの写真

継ぎ目の数が1か所のとき

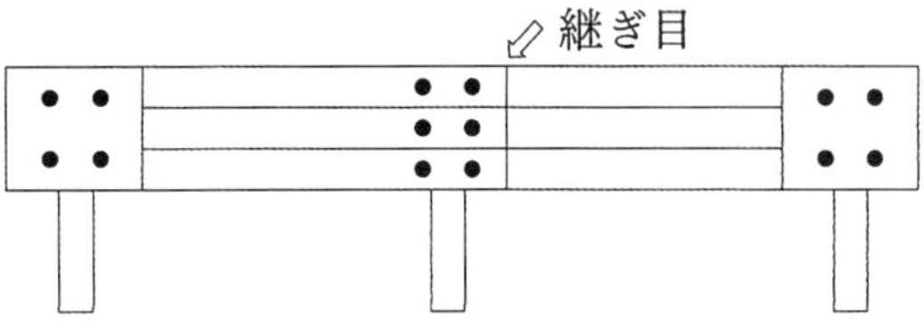

●は1個のボルトを表す。

継ぎ目の数が2か所のとき

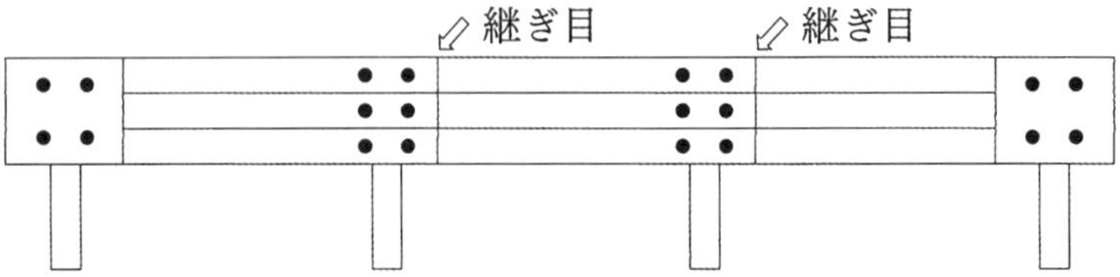

(1) 次の表は、継ぎ目の数と使用するボルトの総数の関係を表したものです。□に適当な数を書きなさい。

継ぎ目の数（か所）	1	2	3	…	6	…
ボルトの総数（個）	14	20	26	…	□	…

(2) nは自然数とします。継ぎ目の数がnか所のとき、使用するボルトの総数をnを用いて表しなさい。

(3) 使用するボルトの総数が200個のとき、継ぎ目の数は何か所できるかを求めなさい。

3　花子さんは、関数のグラフなどについて、タブレット端末を用いて考えています。(1)、(2) に答えなさい。ただし、点Oは原点とします。

(1)　花子さんは、関数 $y = ax + b$ について、定数 a、b にさまざまな値を入力し、グラフの変化のようすを調べています。①、② に答えなさい。

①　グラフが図1のようになったときの a、b の値として最も適当なのは、**ア**～**エ**のうちではどれですか。一つ答えなさい。

ア　$a = 2$、　$b = 1$
イ　$a = 2$、　$b = -1$
ウ　$a = -2$、$b = 1$
エ　$a = -2$、$b = -1$

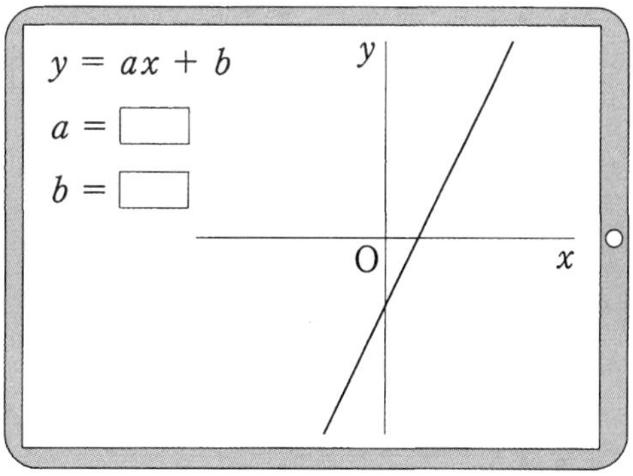

図1

②　図1の a、b のうち、いずれか一方の値を変えると、図1のグラフは図2の実線のように変化しました。このとき行った操作として最も適当なのは、**ア**～**エ**のうちではどれですか。一つ答えなさい。ただし、図2の破線は図1のグラフを表しています。

ア　a の値を大きくした。
イ　a の値を小さくした。
ウ　b の値を大きくした。
エ　b の値を小さくした。

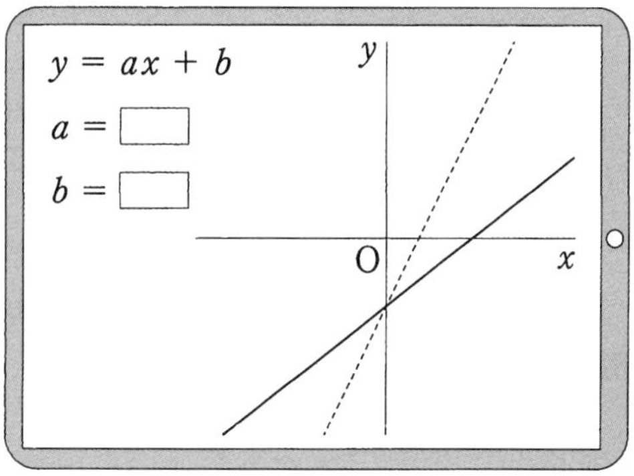

図2

令和６年度学力検査［特別］

英　　語　（45分）

受検上の注意

1　「始めなさい。」の指示があるまで、問題を見てはいけません。

2　解答用紙は、この表紙の裏面です。

3　指示があったら、解答用紙と問題用紙を全部調べなさい。
　問題用紙は１ページから10ページにわたって印刷してあります。もし、ページが足りなかったり、やぶれていたり、印刷のわるいところがあったりした場合は、手をあげて監督の先生に言いなさい。そのあと、指示に従って解答用紙に受検番号、志願校名を書き入れてから始めなさい。

4　解答用紙の定められたところに、記号、数、式、ことば、文章などを書き入れて答えるようになっていますから、よく注意して、答えを書くところや書き方をまちがえないようにしなさい。

5　答えが解答欄の外にはみ出したり、アかイかよくわからない記号を書いたりすると、誤答として採点されることがあります。

6　解答用紙に印刷してある □ や ※□ には、なにも書いてはいけません。

7　メモなどには、問題用紙の余白を利用しなさい。

8　「やめなさい。」の指示があったら、すぐに書くのをやめ、解答用紙を机の上に広げて置きなさい。問題用紙は持ち帰りなさい。

9　解答用紙は、検査室からいっさい持ち出してはいけません。

受検番号	（算用数字）	志願校	

解答

注意　1　英語で書くところは、活字体、筆記体のどちらで書いてもかまいません。
　　　　2　語数が指定されている設問では、「,」や「.」、「?」などの符号は語数に含めません。
　　　　　また、「don't」などの短縮形は、1語とします。

1

A(1)	
A(2)	
A(3)	
B(1)	
B(2)	
C(1)	
C(2)	
C(3)	

2

(1)(あ)	
(1)(い)	
(2)(う)	
(2)(え)	
(3)(お)	
(3)(か)	
(4)①(き)	He (　　　　　　　　　　) this book five years ago.
(4)①(く)	Sometimes, (　　　　　　　　　　) hard may be difficult.
(4)②	
(4)③	

問題は、次のページから始まります。

1　この問題は聞き取り検査です。**問題Ａ～問題Ｃ**に答えなさい。すべての問題で英語は２回ずつ読まれます。途中でメモをとってもかまいません。

問題Ａ　(1)～(3)のそれぞれの英文で説明されている内容として最も適当なのは、**ア～エ**のうちではどれですか。一つ答えなさい。

(1)

ア

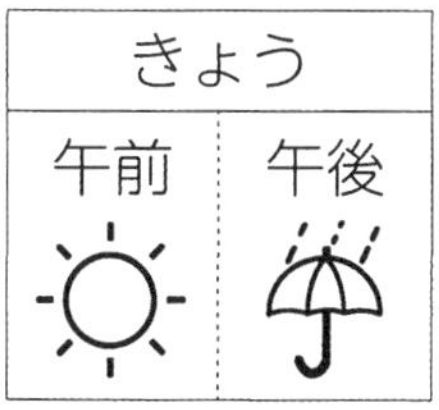

イ

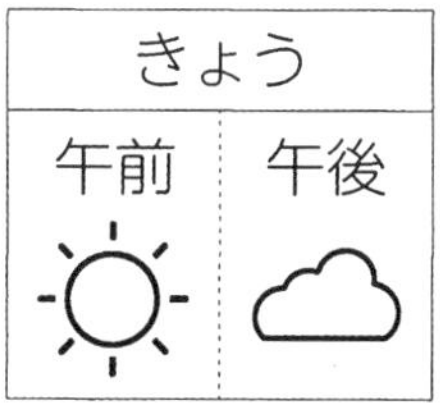

ウ

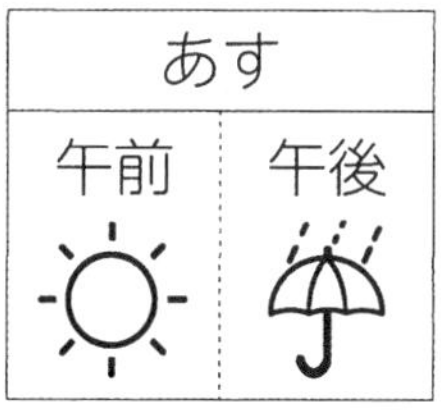

エ

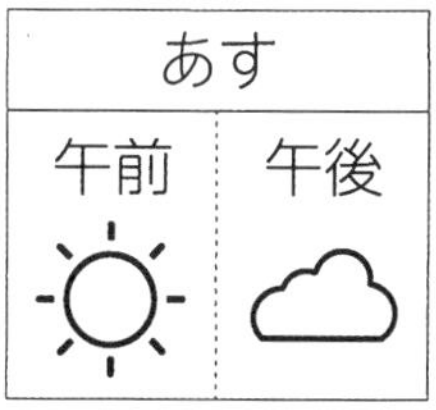

(2)

ア

イ

ウ

エ

(3)

ア

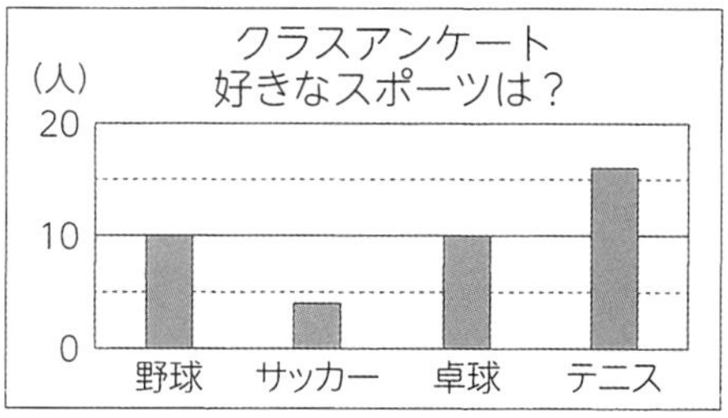

イ

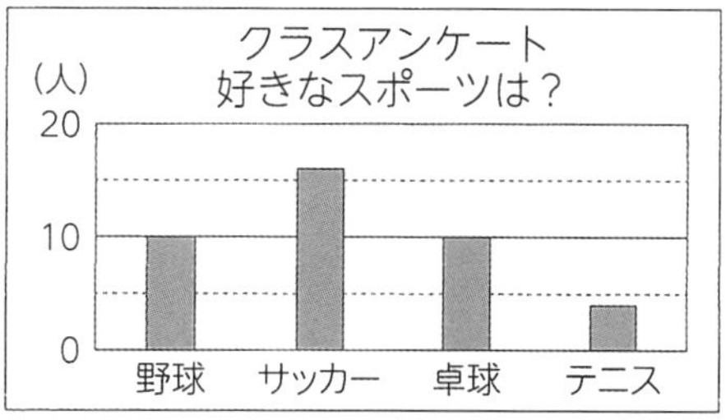

ウ

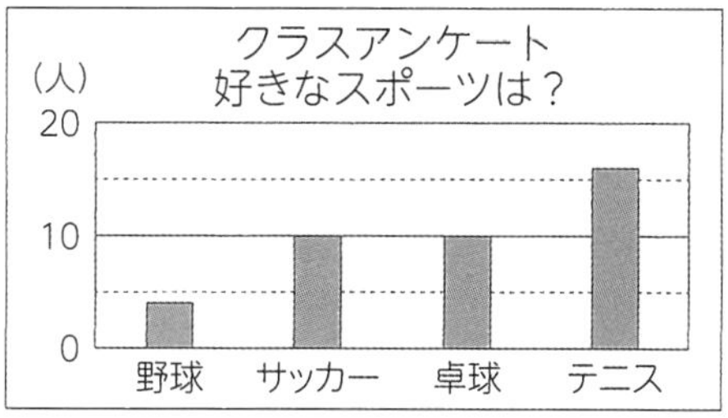

エ

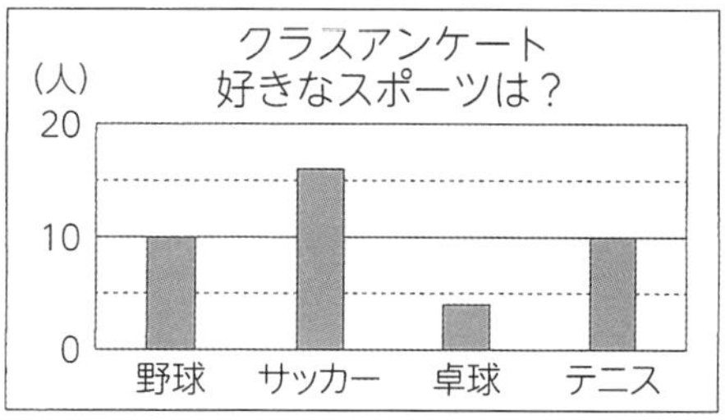

問題B　(1)、(2)のそれぞれの会話についての質問の答えとして最も適当なのは、**ア～エ**のうちではどれですか。一つ答えなさい。

(1)
- **ア**　Yes, she does.
- **イ**　No, she doesn't.
- **ウ**　Yes, it was.
- **エ**　No, it wasn't.

(2)
- **ア**　To cook some dishes for Hana.
- **イ**　To watch a movie together.
- **ウ**　To wash the car in the garden.
- **エ**　To carry the boxes to Hana's room.

問題C　留学中に、Mikaは幼稚園を訪問することになりました。Mikaはメモをとりながら、訪問する幼稚園のLee先生が説明しているのを聞いています。(1)～(3)に答えなさい。

[Mikaのメモの一部]

明日の集合場所と時刻：幼稚園に、［　(あ)　］
明日の持参物：［　(い)　］が必要

(1)　［　(あ)　］、［　(い)　］に入れる内容の組み合わせとして最も適当なのは、**ア～エ**のうちではどれですか。一つ答えなさい。

ア　(あ)　午前8時　(い)　タオル　　**イ**　(あ)　午前9時　(い)　タオル
ウ　(あ)　午前8時　(い)　昼食　　**エ**　(あ)　午前9時　(い)　昼食

(2)　明日、訪問する幼稚園でMikaが行う予定の活動を表しているものとして最も適当なのは、**ア～エ**のうちではどれですか。一つ答えなさい。

ア

イ

ウ

エ

(3)　説明の最後にLee先生がした質問に対して、どのように答えますか。あなたがMikaになったつもりで、書き出しに続けて、［　　　］に4語以上の英語を書き、英文を完成させなさい。

I ［　　　］.

2 　中学生の Kazuki と Sana、留学生の Mary は同じクラスで、Glen 先生が英語の授業を担当しています。(1)～(4) に答えなさい。

(1) 生徒が会話をしました。［(あ)］、［(い)］に入れるのに最も適当なのは、**ア**～**エ**のうちではどれですか。それぞれ一つ答えなさい。

Kazuki 　: I think I have a bad tooth.
Mary 　: Really? You should go to the ［(あ)］.

(あ) **ア** chef 　**イ** florist 　**ウ** musician 　**エ** dentist

Mary 　: Do you know ［(い)］ we will meet for the game?
Sana 　: Yes. We'll meet at the station.

(い) **ア** what 　**イ** when 　**ウ** where 　**エ** which

(2) 音楽部に所属している Kazuki は、入場券を渡しながら、Glen 先生を演奏会に招待しました。入場券の内容に合うように、［(う)］、［(え)］に最も適当な英語１語をそれぞれ入れ、Kazuki の発言を完成させなさい。

入場券

音楽部　演奏会
日　時：3月20日 木曜日
午後2：00　開演
会　場：のぞみホール
※開演までにご入場ください。
入場券

Kazuki 　: We are going to have a concert at Nozomi Hall on Thursday, ［(う)］ twentieth. We would like to invite you. Please use this ticket to ［(え)］ the hall.
Mr. Glen : Thank you. I'm looking forward to the concert.

(3) 授業で、会話の練習をしました。［(お)］、［(か)］に入れるのに最も適当な英語１語をそれぞれ書きなさい。

Mary 　: Are you in a club?
Sana 　: Yes. I'm a ［(お)］ of the art club.
Mary 　: Sounds interesting.

Mary 　: Excuse me. Should I take a bus to the post office from here?
Kazuki 　: Well, you can go there on ［(か)］.
Mary 　: Really? Thank you. It's good to know I can walk there.

(4) 授業で、Kazukiは、Sanaによる発表を聞きました。次は、Sanaの発表と、それを聞いてKazukiが書いた記録シートおよび発言です。①～③に答えなさい。

[Sana]

Look at this book. Josh Wood is my favorite writer. (き)He (write) this book five years ago. It's about a boy who goes on an adventure to "Blue Castle." The book taught me something important. (く)Sometimes, (try) hard may be difficult. However, I should keep going.

Kazukiが書いた記録シート

発表者	Sana
感想など	弟が好きそうな本だから、読んであげたい。 図書館から借りられるのかな。

[Kazuki]

Thank you, Sana. I think my brother will like the book, so I want to ((け)it / to / read / him). I have a question. Can I □ ?

① 下線部(き)、(く)のそれぞれについて、( ) 内の語を適当な形に変えたり、不足している語を補ったりなどして、意味が通るように英文を完成させなさい。

② 下線部(け)の語をすべて用いて、意味が通るように並べ替えなさい。

③ Kazukiの記録シートをもとに、あなたがKazukiになったつもりで、□ に5語以上の英語を書き、Kazukiの発言を完成させなさい。

3 **問題A**、**問題B**に答えなさい。

問題A　留学生のPaulが英語の授業でスピーチをしました。次の英文は、そのスピーチです。(1)、(2)に答えなさい。

Yesterday, I planted rice in paddy fields. It was difficult at first, but a rice farmer helped me. After working, I saw some insects in the field. I didn't think those insects were good for rice, so I told the farmer about them. She said, "Some insects hurt rice, but other insects eat those insects. All living things in and around the fields are connected and important." She has grown good rice thanks to such a natural environment. In the future, I want to be like her — a farmer who [　　　　].

〔注〕 plant ～　～を植える　　rice　稲、米　　paddy field　水田
insect　虫　　thanks to ～　～のおかげで

(1) Paulがスピーチで述べた内容として、当てはまらないものは、**ア**～**エ**のうちではどれですか。一つ答えなさい。

ア

イ

ウ

エ

(2) [　　　　] に入れるのに最も適当なのは、**ア**～**エ**のうちではどれですか。一つ答えなさい。

ア　sells paddy fields
イ　buys a useful product
ウ　gets help from nature
エ　uses the latest AI technology

(特)

1 聞き取り検査

※教英出版注
音声は，解答集の書籍ＩＤ番号を教英出版ウェブサイトで入力して聴くことができます。

問題A 次の英文が２回読まれるのを聞いて、問題用紙の指示に従って答える。

(1)
Tomorrow, it will be sunny in the morning and rainy in the afternoon.

(2)
I like this cup. It has stars on it.

(3)
In our class, soccer is the most popular, and baseball is as popular as table tennis.

問題B 次の会話と質問が２回読まれるのを聞いて、問題用紙の指示に従って答える。

(1)
A : Mr. Brown, do I have to finish this work today?
B : No, you don't, Emily. Please finish it by next Wednesday.

Question : Does Emily have to finish her work today?

(2)
A : Mike, can you take these boxes to my room?
B : OK, Hana, but please wait a minute. I'm washing the dishes now.

Question : What does Hana want Mike to do?

問題C 次の英文が２回読まれるのを聞いて、問題用紙の指示に従って答える。

Mika, I will tell you what you are going to do tomorrow. Please come to the kindergarten at eight a.m. You need to bring your own lunch. We will provide bottles of water for you. The kids are looking forward to experiencing Japanese culture in the morning. Mika, you are going to show the kids how to fold paper cranes. I know that people in Japan make one thousand paper cranes for people who are sick. After lunch, we are going to visit a zoo. Your city in Japan has a famous zoo, right? I have heard that you have visited the zoo before. How many times have you been there?

問題B　Amiは、クラスメートのJoeと、留学生のCathyについて話し合っています。次の英文は、その話し合いです。(1)～(3)に答えなさい。

Ami : Cathy is going to move to another school in Japan next month.
Joe : Really? I'll miss her.
Ami : Me, too. Actually, I'm [(あ)] already. I want to do something for her.
Joe : That's a good idea. She often says the summer in Japan is really hot. Let's give her something useful for the summer.
Ami : Then, [(い)] a folding fan? It's a traditional item in Japan. People can use it for shade.
Joe : Oh, I didn't know we can use it like that.
Ami : So, I think a folding fan is good. Joe, [(い)] you?
Joe : Well, I have a different idea. A portable fan is good and it's popular. A lot of young people in Japan use portable fans.
Ami : Which item is better? It's difficult to decide.
Joe : We'll see her tomorrow, right? Let's ask Cathy then.
Ami : Great.

〔注〕 folding fan　扇子　　item　アイテム、品　　shade　日陰
portable fan　ハンディファン、携帯扇風機

(1) [(あ)] に入れるのに最も適当なのは、**ア**～**エ**のうちではどれですか。一つ答えなさい。

ア sad　　**イ** sleepy　　**ウ** brave　　**エ** proud

(2) [(い)] に共通して入れるのに最も適当な英語２語を書きなさい。

(3) 次は、Amiと話し合いをした日にJoeが書いた日記です。二人の話し合いの内容に合うように [①] ～ [④] に入れる英語の組み合わせとして最も適当なのは、**ア**～**エ**のうちではどれですか。一つ答えなさい。

Joeが書いた日記

> Ami and I will give a gift to Cathy. I think a [①] fan is good. I think we should give her something [②] in Japan. However, Ami thinks something [③] is good. I learned a [④] fan can be used for shade. Tomorrow, we'll ask Cathy.

ア	① folding	② traditional	③ popular	④ portable
イ	① folding	② popular	③ traditional	④ portable
ウ	① portable	② traditional	③ popular	④ folding
エ	① portable	② popular	③ traditional	④ folding

4　Fumiは、クラスメートのRoyと、教室の掲示物（flyer）を見ながら話をしています。次は、その掲示物と会話の英文です。(1)～(4)に答えなさい。

掲示物

～ The 15th Kids Festival at Kita High School ～

We [　(あ)　] for the festival!

July 2nd

The Kita High School Student Council

Dear students at Kita High School,

Our school holds the Kids Festival every August. This year children will come to our school on August 2nd. We are looking for student volunteers who can help us hold the 15th Kids Festival. Children will choose and join one of the four events, and you will help them do their activities.

Events at the 15th Kids Festival on August 2nd		
Event	Title	Activity
1	Wonderful Colors	・Discover the colors in ink.
2	Fantastic Music	・Make your own instrument.
3	Easy Cookies	・Bake cookies.
4	Exciting Rugby	・Play special rugby.

*We had the same four activities at the 14th Kids Festival.

We will have a meeting to explain more about your job. Please come to the student center for the meeting at 4:30 p.m. on July 10th.

Voices from students who helped us at the 14th Kids Festival

- The event "Wonderful Colors" was really interesting. Even high school students can learn about colors. — Diego
- If you want to teach in the future, this festival is a good opportunity. You can learn a lot from the children. — Akina
- The children and I played music with the instruments we made. They were very creative. — Masami

Fumi : I want to help children enjoy the festival. My dream is to be a teacher. In the flyer, [　(い)　] says this festival is good for students like me.

Roy : Good. I want to join (う)this event. I like making cakes and other sweet food, and want children to enjoy making them.

Fumi : I will join the meeting to get more information. Will you join the meeting, Roy?

Roy : Of course, I will. Let's go together.

〔注〕 student council　生徒会　　　hold ～　～を開催する　　　title　題名
opportunity　機会

(1) [　　(あ)　　] に入れるのに最も適当なのは、**ア**～**エ**のうちではどれですか。一つ答えなさい。

ア will practice dancing
イ will enjoy swimming
ウ need volunteers
エ want singers

(2) [　(い)　] に入れるのに最も適当なのは、**ア**～**エ**のうちではどれですか。一つ答えなさい。

ア Diego
イ Akina
ウ Masami
エ Roy

(3) 下線部(う)が指すものとして最も適当なのは、**ア**～**エ**のうちではどれですか。一つ答えなさい。

ア Event 1
イ Event 2
ウ Event 3
エ Event 4

(4) 掲示物と会話からわかる内容として最も適当なのは、**ア**～**エ**のうちではどれですか。一つ答えなさい。

ア The Kids Festival is held at Kita High School every month.
イ Each child can join two events at the 15th Kids Festival.
ウ Masami says that the event "Wonderful Colors" is good for high school students.
エ Fumi and Roy will go to the student center on July 10th.

5 留学生のAnneが、写真を見せながら英語の授業でスピーチをしました。次は、そのスピーチとAnneが見せた写真です。(1)～(6)に答えなさい。

Vending machines usually sell something to drink or to eat. Do you know that there is a vending machine which gives you (あ)something to read for free? You can get a short story from the machine. Here's a story about the vending machines which provide short stories.

It's easy to get a short story at (い)the vending machine. Press a button, and a strip of paper comes out like a receipt. Here's a picture of me at the vending machine. One short story is printed on one strip of paper. You get another strip if you press a button again. You can get two or more strips if you want. You can take the strips away with you. All the short stories are free. The machine has three buttons, and each button has a number: 1, 3, or 5. The numbers tell you how many minutes you need to read the short story. For example, if you press button 3, you receive a story that can be read in about three minutes.

Anne's picture

(う)Getting a short story at the vending machine is like opening a treasure box. You don't know what's in the treasure box, so you'll be excited to open it. This is true of this unique vending machine, too. You can't choose what short story you get. The vending machine chooses one for you. Also, it is almost impossible to get the same short story again because the machine has so many stories. In this way, the machine can give you an exciting reading time.

The short story vending machine was invented by a company in France. One day, four people at the company went to a vending machine to buy snacks. When they were talking by the machine, one of them said, "If a vending machine could give me a story, I would be very happy." That gave them inspiration, and they came up with the idea of making a machine to provide free short stories. When they got this idea, they also had a wish. It was to make people happy with the new vending machine. Though the machine sounded like a dream, (え)their wish was strong and they didn't give up.

Today, the short story vending machines are used in many parts of the world. You can read stories in several different [(お)] such as French, English and Spanish. Why are the machines popular around the world? Reading a short story provided by the machine is such a unique experience, and people enjoy it. I think that the four people were successful. Their idea became real. From them, I learned that if we want to create something new, it is important to have inspiration and a wish. Inspiration can come from anything around us and give us a new idea. A wish can help us work hard to make the idea real. Get inspiration and try, like the four people.

〔注〕 vending machine　自動販売機　　for free　無料で　　press ～　～を押す
button　ボタン　　strip　細長い一片　　receipt　レシート
print ～　～を印刷する　　take ～ away　～を持ち去る　　treasure　宝物
true of ～　～に当てはまる　　inspiration　ひらめき　　wish　願い
give up　あきらめる

(1) 下線部(あ)が具体的に指すものは何ですか。英語3語を同じ段落中から抜き出して書きなさい。

(2) 下線部(い)について、利用者ができることとして、当てはまらないものは、**ア**～**エ**のうちではどれですか。一つ答えなさい。

ア　物語の紙片を複数枚得ること。
イ　物語の紙片を無料で得ること。
ウ　物語を読むのにかかる目安の時間を選択すること。
エ　物語が印刷される字の大きさを選択すること。

(3) 下線部(う)を説明する次の文の［　　　］に入れるのに最も適当なのは、**ア**～**エ**のうちではどれですか。一つ答えなさい。

It will be exciting to get a short story at the vending machine because ［　　　］.

ア　people can easily get the same short story again
イ　people receive a decorated box and put the short story in it
ウ　people do not know what short story comes out
エ　people must not show their short story to other people

(4) 下線部(え)の具体的内容を説明する次の文の［　　　］に適当な日本語を入れなさい。

新たな自動販売機によって、［　　　］という願い。

(5) ［　(お)　］に入れるのに最も適当な英語1語を書きなさい。

(6) 本文の内容と合っているのは、**ア**～**オ**のうちではどれですか。当てはまるものをすべて答えなさい。

ア　People must leave strips at the short story vending machine after reading.
イ　Anne and the four people invented a new snack vending machine together.
ウ　The four people got inspiration for their new idea from their conversation.
エ　The short story vending machines are found only in France.
オ　If people have a wish, they can try hard to make their idea real.

用　紙

※

※70点満点
（配点非公表）

3

A(1)	
A(2)	
B(1)	
B(2)	
B(3)	

4

(1)	
(2)	
(3)	
(4)	

5

(1)		
(2)		
(3)		
(4)		
(5)		
(6)		

(2) 花子さんは、図３のように、２点Ａ（6,0）、Ｂ（0,3）を結ぶ線分ＡＢ上で点Ｐを動かしながら、点Ｐの座標について考えたことをノートにまとめました。①～④に答えなさい。

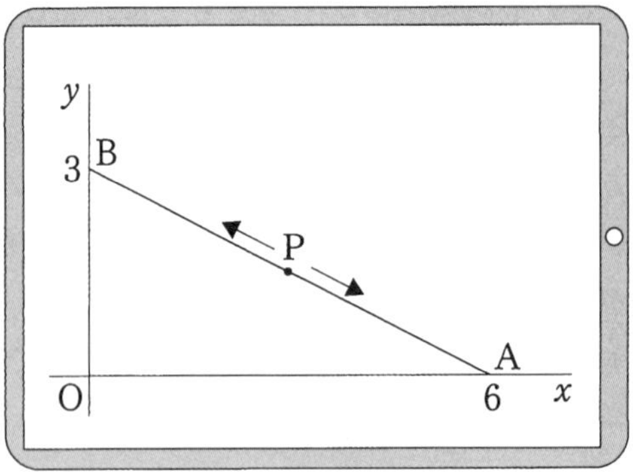

図３

＜花子さんのノート＞

Ⅰ　直線ＯＰの傾きが１のとき

直線ＯＰの式は $y = x$、直線ＡＢの式は $y =$ [　(あ)　] であるから、二つの式を連立方程式として解くと、点Ｐの座標を求めることができる。

Ⅱ　線分ＯＰの長さが最も短くなるとき

∠ＯＰＡ＝ [　(い)　]° であるから、点Ｐから線分ＯＡに下ろした垂線と線分ＯＡとの交点をＨとすると、△ＯＡＢ∽△ＨＰＯが成り立つ。したがって、直線ＯＰの式は $y =$ [　(う)　] となり、これと直線ＡＢの式を連立方程式として解くと、点Ｐの座標を求めることができる。

① [　(あ)　] に適当な式を書きなさい。

② [　(い)　] に適当な数を書きなさい。

③ [　(う)　] に適当な式を書きなさい。

④ Ⅱのとき、点Ｐの座標を求めなさい。

4　太郎さんと花子さんは、昨年の夏はA市とB市でどちらが暑かったのかを話し合っています。(1)～(3)に答えなさい。

太郎：8月の日ごとの最高気温のデータの平均値は、A市とB市で同じだったよ。

花子：平均値は同じだけれど、それぞれのデータの分布のようすはどうなっているのかな。8月の日ごとの最高気温のデータをもとに、箱ひげ図を作って調べてみようよ。

太郎：箱ひげ図をみると、A市とB市それぞれに特徴があるね。

花子：最大値が大きい方が暑いと考えると、A市の方が暑かったといえるよ。

太郎：そうだね。でも、猛暑日となる35℃以上の日数の割合が大きい方が暑いと考えると、B市の方が暑かったといえるよ。

花子：なるほど。注目するところによって、いろいろな見方ができるね。他にもデータを集めて、もっと詳しく調べてみよう。

(℃)　二人が作った箱ひげ図

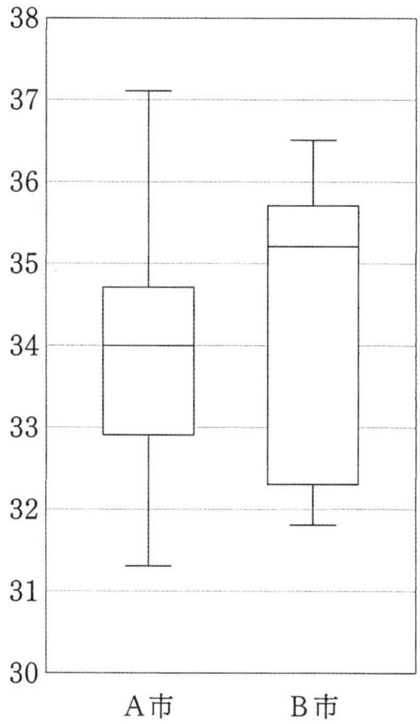

(1)　データの散らばりの度合いについて述べた次の文の[　(あ)　]、[　(い)　]に当てはまることばの組み合わせとして最も適当なのは、**ア**～**エ**のうちではどれですか。一つ答えなさい。

> [　(あ)　]は、すべてのデータのうち、真ん中に集まる約半数のデータの散らばりの度合いを表しており、極端にかけ離れた値の影響を[　(い)　]という性質がある。

ア	(あ)	範囲	(い)	受けやすい
イ	(あ)	範囲	(い)	受けにくい
ウ	(あ)	四分位範囲	(い)	受けやすい
エ	(あ)	四分位範囲	(い)	受けにくい

(2)　二人が作った箱ひげ図から読み取れることとして、次の①、②のことがらは、それぞれ正しいといえますか。**[選択肢]** の**ア**～**ウ**の中から最も適当なものをそれぞれ一つ答えなさい。

①　第1四分位数は、A市の方がB市より大きい。

②　32℃以下のデータの個数は、A市の方がB市より多い。

[選択肢]

ア　正しい

イ　正しくない

ウ　二人が作った箱ひげ図からはわからない

(3)　太郎さんが、下線部のように判断した理由を説明しなさい。ただし、A市とB市それぞれの35℃以上の日数の割合を、二人が作った箱ひげ図から読み取って書きなさい。

5 太郎さんは、数学の授業で正四面体について学んでいます。(1)～(3) に答えなさい。

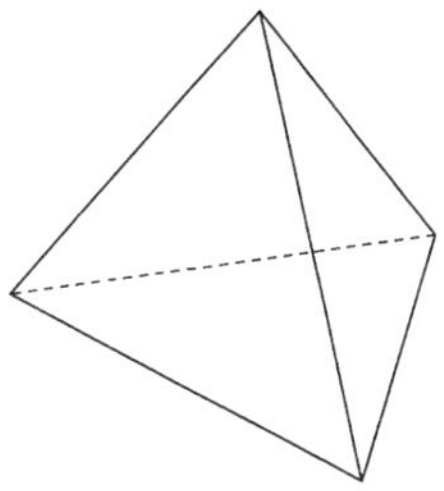

左の図のように、三角錐《すい》のうち、すべての面が正三角形であるものを正四面体といいます。

(1) 太郎さんは、正四面体の体積を求める方法を次のように考えました。

<太郎さんの考え>

右の図のように、正四面体 OABC において、頂点 O から△ABC に下ろした垂線と、△ABC との交点を H とします。このとき、△OAH、△OBH、△OCH が合同な直角三角形となるから、AH ＝ BH ＝ CH が成り立ちます。

正四面体 OABC の体積は、△ABC を底面、線分 OH を高さと考えて求めることができます。

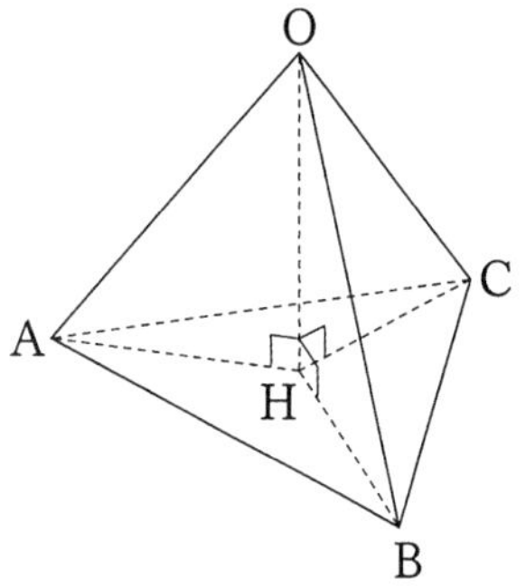

この考えをもとに、太郎さんは、次の図のように点 H を中心とし、正三角形 ABC の頂点 A、B、C を通る円を作図し、点 H と点 A、点 H と点 B をそれぞれ結びました。線分 AB の長さが 2 cm のとき、①～③ に答えなさい。

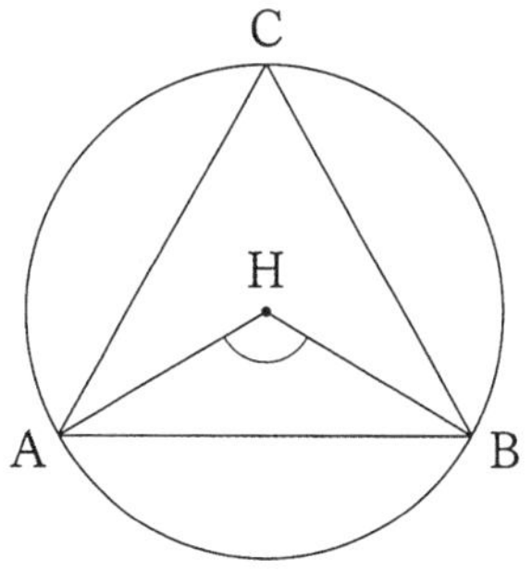

① ∠AHB の大きさを求めなさい。

② △ABC の面積を求めなさい。

③ 線分 AH の長さを求めなさい。

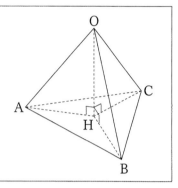

(2)　授業では、先生から次のような紹介がありました。①、② に答えなさい。

＜先生が紹介した内容＞

右の図のように、立方体 PQRS−TUVW において、頂点 P、R、U、W をそれぞれ結ぶと、PR、PU、PW、RU、RW、UW を 1 辺とする正四面体 PRUW ができます。

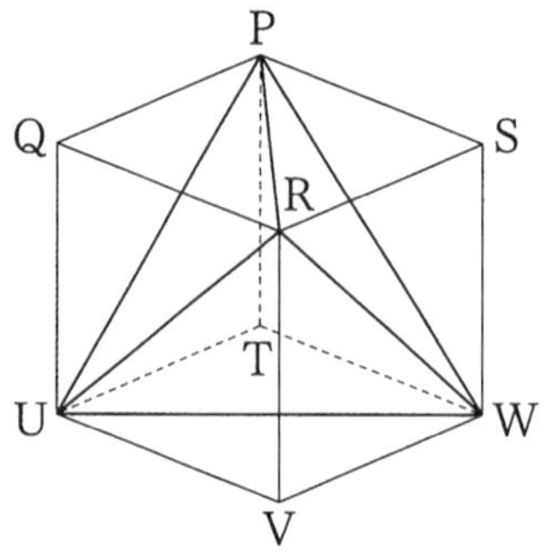

①　太郎さんは、**＜先生が紹介した内容＞**をもとに、正四面体の体積を求める別の方法を考えました。□ に適当な数を書きなさい。

> 正四面体 PRUW の体積は、立方体 PQRS−TUVW の体積から三角錐 QPRU の体積の □ 倍を引くと求めることができます。

②　立方体 PQRS−TUVW の 1 辺の長さが a cm のとき、正四面体 PRUW の 1 辺の長さを a を用いて表しなさい。

(3)　1 辺の長さが 2 cm の正四面体の体積を求めなさい。

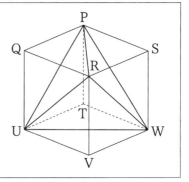

用　紙

※

※70点満点
（配点非公表）

=	
	(°　)
=	
	,　　　)

5

	(1)①	(°　)
	(1)②	(cm²)
	(1)③	(cm)
	(2)①	(倍)
	(2)②	(cm)
	(3)	(cm³)

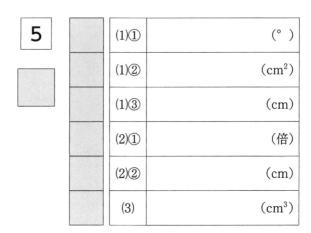

受検番号	(算用数字)	志願校	

解

注意 1 答えに$\sqrt{\ }$が含まれるときは、$\sqrt{\ }$をつけたままで答えなさい。
その際、$\sqrt{\ }$の中の数は、できるだけ小さい自然数にしなさい。
2 答えに円周率を使うときは、πを用いなさい。

1

(1)	
(2)	
(3)	
(4)	
(5)	
(6)	
(7)	(cm^2)
(8)	
(9)①	
(9)②	$a=$

2

Ⅰ(1)	
Ⅰ(2)	
Ⅰ(3)	(答) $\sqrt{48}-\sqrt{3}$ □ $\sqrt{30}$
Ⅱ(1)	
Ⅱ(2)	(個)
Ⅱ(3)	(か所)

3

4

令和６年度学力検査［特別］

数　　学　（45分）

受検上の注意

1　「始めなさい。」の指示があるまで、問題を見てはいけません。

2　解答用紙は、この表紙の裏面です。

3　指示があったら、解答用紙と問題用紙を全部調べなさい。
　問題用紙は１ページから10ページにわたって印刷してあります。もし、ページが足りなかったり、やぶれていたり、印刷のわるいところがあったりした場合は、手をあげて監督の先生に言いなさい。そのあと、指示に従って解答用紙に受検番号、志願校名を書き入れてから始めなさい。

4　解答用紙の定められたところに、記号、数、式、ことば、文章などを書き入れて答えるようになっていますから、よく注意して、答えを書くところや書き方をまちがえないようにしなさい。

5　答えが解答欄の外にはみ出したり、アかイかよくわからない記号を書いたりすると、誤答として採点されることがあります。

6　解答用紙に印刷してある □ や ※ には、なにも書いてはいけません。

7　メモなどには、問題用紙の余白を利用しなさい。

8　「やめなさい。」の指示があったら、すぐに書くのをやめ、解答用紙を机の上に広げて置きなさい。問題用紙は持ち帰りなさい。

9　解答用紙は、検査室からいっさい持ち出してはいけません。

「いいのか？」
坊主頭の少年は、不敵な笑みを浮かべて頷《うなず》いた。
「そうじゃないと、つまらないじゃん」
「そうか。じゃあ、そうしよう」
航大が申し出を受け入れると、坊主頭の少年は満足げな顔で背を向けた。友人たちと輪を作り、誰がこちらのチームに加わるか、話し合いを始めた。
彼らから、航大を警戒するような雰囲気はもう感じられない。むしろ、いつもと違う新鮮な出来事に、高揚しているようだ。
そういった感覚は、航大にも憶《おぼ》えがある。ⓑ既視感に導かれるように、記憶の蓋が開いた。
小学生のころ、同級生たちとまさにこの場所で遊んでいたときのことだ。顔も名前も知らない上級生たちがやって来て、『自分たちも混ぜてくれ』と言ってきた。あのときは、戸惑いよりも、単純に嬉《うれ》しいという気持ちが勝った。人数が増えれば、できることが増える。歳《とし》の差なんて、全く気にならなかった。むしろ、上級生相手に勝ってやろうという挑戦心がふつふつと湧いてきたものだ。
ああ、そうか、と航大は思い出す。上級生の参加者たちといつ仲良くなったのか不思議だったが、簡単な話だった。なんのことはない、仲良くなってから遊び始めたのではなく、一緒に遊んでいるうちに仲良くなっていったのだ。思い返してみれば、小学生のころの友人の作り方なんて、ほとんどがそんなパターンだったような気がする。
隣に立つケンゴを見ると、相変わらず、不貞腐《ふてくさ》れたような顔をしていた。
「あいつらのこと、嫌いか？」
愚問だと言わんばかりに、ケンゴは鼻を鳴らした。
「当たり前じゃん」
「それなら、あいつらの鼻を明かすチャンスだな」
眉根を寄せたまま、ケンゴが首を傾《かし》げる。
「はなをあかすって、何？」
「あいつらに一発かまして、驚かしてやるチャンスってことだ。想像してみろよ。あいつらをドリブルでかわして、シュートを決めてやるんだ。痛快だろ？　きっと悔しがるぞ」
言われた通り、その光景を想像してみたらしく、ケンゴはⓒ俄《にわ》かに口元を綻ばした。（中略）
これで、ケンゴが少しでも彼らとのミニゲームに前向きになってくれればいい。できることなら、小学生のころの自分たちのように、一緒にボールを蹴っている間に少年たちが仲良くなってくれればいいな、と航大は願う。
もちろん、そううまくはいかないだろう。自分たちのころと違い、ケンゴと上級生たちは、既に険悪な仲なのだ。実際のところは、このぎすぎすした関係性を僅かでも修復できれば御の字といったところだ。

ただ、一方で、案外あっさりと仲直りができてしまうのではないか、と楽天的に考えている自分もいる。

俺たちは単純だ。ボールを蹴っているだけで笑顔になる。そんな単純な連中が、一緒になってひとつのボールを蹴り合うんだ。これまでのいざこざなんて、楽しい記憶で上書きされてしまうに違いない。

そんな青写真を描いて、航大は微笑《ほほえ》む。能天気すぎるだろ、と自分自身に呆《あき》れてしまいそうだが、どうせ思い描くなら、明るい未来の方がいいだろ、と思う自分もいた。

果たして、どこまでうまくいくだろうか。(中略)

ボールを中央に置き、足をのせる。子供のころのように心が弾んでいることに、航大は気付いた。早く試合《しあい》がしたい。純粋に、そう思った。

「ねえ」とケンゴが声を掛けてきた。

「ん？」

「絶対勝とうね」

興奮した様子で、ケンゴが言う。

「もちろん」と航大が応じると、ケンゴは気合《きあい》を入れるように自らの頬を叩《たた》いた。

他の子供たちを見回すと、彼らも、ケンゴと似たような表情をしていた。誰もが、逸《はや》る気持ちを抑えられていない。ワクワクしながら、試合の開始を今か今かと待っている。

その様子を見て、航大は思わず噴き出しそうになった。もしかしたら、自分も同じような顔をしているのだろうか。

ⓓやっぱり、俺たちは単純だ。それさえわかれば、もう心配することなど何もないように思えた。

（出典　真《ま》紀《き》涼介《りょうすけ》『勿忘草《わすれなぐさ》をさがして』）

（注）　御の字——充分なこと、ありがたいこと。

青写真——将来の姿、未来図。

(1)　ⓐ「わかるよ」とありますが、このときの「ケンゴ」の心情を説明したものとして最も適当なのは、**ア**～**エ**のうちではどれですか。一つ答えなさい。

ア　気がすすまない相手と遊ぶことは成長につながると諭されたため、渋々受け入れている。

イ　大人数で遊ぶことが苦手な性格なのに挑戦するよう説得されたため、落ち込んでいる。

ウ　二人で楽しく遊んでいたところを見慣れない上級生に邪魔されたため、戸惑っている。

エ　自分が反感を抱いている上級生と一緒に遊ぶことを提案されたため、不満を感じている。

(2) 「既視感に導かれるように、記憶の蓋が開いた」とありますが、このとき「航大」が思い出したこととして最も適当なのは、**ア**～**エ**のうちではどれですか。一つ答えなさい。

ア 小学生のころは、上級生が遊びに入ってくると夢中になってゲームを楽しみ、仲が良くなるだけでなく技術も向上して年上相手にも勝てるようになっていたということ。

イ 小学生のころは、上級生が遊びに入ってきてもその相手に立ち向かう楽しさを味わうとともに、一緒に遊ぶことで年齢に関係なく誰とでも親しくなっていたということ。

ウ 小学生のころは、上級生が遊びに入ってくるといつもとは違った遊びを経験することになり、自然と自分自身も年長者であるかのような気持ちになっていたということ。

エ 小学生のころは、上級生が遊びに入ってきても有意義な試合をするために話し合っているうちに、気付けば年の差など忘れてチームとしてひとつになっていたということ。

(3) 「ⓒ俄かに口元を綻ばした」とありますが、「ケンゴ」がこのような反応を示した理由を説明した次の文の□に入れるのに適当なことばを、文章中から十二字で抜き出して書きなさい。

航大のことばにより、嫌いな上級生に対して□をかきたてられたから。

(4) 「ⓓやっぱり、俺たちは単純だ」とありますが、このときの「航大」の心情を説明した次の文の X 、 Y に入れるのに適当なことばを、 X は二十字以内で書き、 Y は文章中から七字で抜き出して書きなさい。

航大は、ケンゴたちに対して X ことを期待する自分は考えが甘いと思っていたが、知らず知らずのうちに Y 自分と同様に逸る気持ちを抑えられないケンゴたちを見て、やはり自分の望みはかなうだろうと思い、安心している。

(5) この文章の表現や内容について説明したものとして最も適当なのは、**ア**～**エ**のうちではどれですか。一つ答えなさい。

ア 「航大の方を見ながら、何事か話している」という表現は、航大と上級生の緊迫した関係を強調している。

イ 「よかったら、一緒に遊ぼうぜ」という表現は、自分の楽しさを優先する航大の未熟さを描き出している。

ウ 「不敵な笑みを浮かべて」という表現は、年長者にも臆さない坊主頭の少年の強気な様子を印象づけている。

エ 「眉根を寄せたまま、ケンゴが首を傾げる」という表現は、上級生を恐れるケンゴの姿をきわ立たせている。

4

次の文章を読んで、(1)～(6)に答えなさい。

自分のアイデンティティは自分自身で確立するべきであって、自分のアイデンティティの拠《よ》り所《どころ》を他者からの承認に求めようとすると、結局、依存と不安と疎外の泥沼に陥ってしまう。それは本人にとってまったくハッピーなことではない——ⓐそのような意見を持っている人は、世間には結構多いのではないでしょうか。

このような考え方は、「他者に依存することはよくないことであり、自分自身で物事を決められることのほうが尊重されるべきだ」という価値観を前提にしています。これは、哲学の言葉を用いるなら、「自律性」を重視する発想と言えます。それに対して、他者に依存し、他者なしでは生きていけなくなってしまうことは「他律性」と呼ばれます。

自律性とは「自分を自分で律することができる」ということであり、一方、他律性とは「他者に律される」、つまり他者の言いなりになってしまうということです。（中略）

私たちは多くの場合、自律性こそが大切だと教えられて育ちます。私も小学生のころは「自分で考え、自分で行動しよう」と先生にいつも言われていました。何かがわからなくて答えを聞こうとすると、「まずは自分で考えてみなさい」と怒られたものです。

ただし、自律性と他律性が、まるで水と油のように、決して交わることなく対立するものとして捉えられるなら、そうした考え方には疑問の余地があります。ⓑ「自律的であるためには他律的であってはならず、また他律的であるならば決して自律的ではない」という考えは、おそらく私たちの現実を反映したものではありません。なぜなら人間は、自分ひとりの力では、自分のアイデンティティを形成することも、認識することもできないからです。

アイデンティティとは、言い換えれば「自分は何者なのか」「自分にはどんな可能性があるのか」ということについての自分なりの理解です。たとえば子どもは、大人からさまざまな可能性を提示され、それを一つ一つ試していくことによって、自分を少しずつ知っていくことになります。ある子どもが歌をうたったとき、そばにいた大人がそれを聞き、うれしそうに微笑《ほほえ》んだとしましょう。ⓒその子は、「自分には歌をうたうことができるんだ。そしてそれによって、他の人を喜ばせることもできるんだ」と気がつきます。そうした、他者とのかかわりからもたらされる気づきの蓄積が、「自分は何者なのか」「自分には何ができるのか」というアイデンティティの形成には欠かすことができないのです。

子どもは、まわりの大人から世話や関与を受けることなしに生きていくことはできません。その意味で、子どもは自分を育ててくれる大人たちに対して他律的です。しかし、その他律性は、子どもの人生から自律性を奪い去ることを決して意味しません。むしろ反対に、自律性とはⓓなのです。

つまり、自律性と他律性はつながっています。私たちは、自分が何者であるかを知り、自分のアイデンティティを確立するために、どうしても他者の力を借りなければならないのであり、それは決してよくないことではなく、むしろ人が成長していく上で自然なあり方なのです。

同じことが、子どもだけでなく大人についても言えます。大人もまた、他者の影響を受けながらアイデンティティを形成するのです。そして、ⓔ大人にとってのそうした他者の代表例が、友達です。

たとえばみなさんは、受験や、クラブなどへの申し込み、何かの活動などのために、自分の性格や長所を書類に書いて提出しなければならなくなったとき、何を書いたらいいのかわからなくなることはありませんか。そんなときに有効な対処法の一つは、友達にアイデアを書いてもらう、という方法です。そうして書かれたものを見て、「なるほど、自分にはこういう長所があるのか」と、はじめて自分の個性に気づかされることはよくあることです。

反対に、私が友達に長所を書いてあげたことも何度かあります。私としては、その友達の長所としてはあまりにもあたりまえなことを書いているつもりなのに、それを読んだときの友達の顔は、たいていの場合はうっすらとした驚きに包まれています。それくらい、私たちは自分のことをよくわかっていないのです。

おそらく、ここに「承認」の持つもっとも基本的な働きが表れています。すなわち、「自分が他人にどのような人として見られ、受け入れられているかを知ることによって、自分が何者であるかを知る」ということです。そうした形で「自分が何者であるのかを知りたい」と望むことこそ、ⓕ承認欲求にほかならないのではないでしょうか。

（出典　戸《と》谷《や》洋《ひろ》志《し》『ＳＮＳの哲学　リアルとオンラインのあいだ』）

(1) 「ⓐそのような……ないでしょうか」とありますが、筆者がこのように述べる理由を説明した次の文の［X］、［Y］に入れるのに適当なことばを、［X］は二字、［Y］は六字で、それぞれ文章中から抜き出して書きなさい。

アイデンティティを確立させるためには、他者に［X］する他律性よりも、自分を［Y］ことができる自律性を尊重するべきだという価値観が一般的だから。

(2) ［ⓑ］、［ⓒ］にそれぞれ入れることばの組み合わせとして最も適当なのは、**ア**～**エ**のうちではどれですか。一つ答えなさい。

ア　ⓑしかし　ⓒあるいは　　**イ**　ⓑしかも　ⓒむしろ　　**ウ**　ⓑたとえば　ⓒすると　　**エ**　ⓑところで　ⓒおそらく

(3) ［ⓓ］に入れることばとして最も適当なのは、**ア**～**エ**のうちではどれですか。一つ答えなさい。

ア　そうした他律性のなかからしか育まれてこないもの
イ　そうした他律性に抵抗する手段として生まれるもの
ウ　そうした他律性とは無関係に誰でも獲得できるもの
エ　そうした他律性を乗り越えることで鍛えられるもの

(4) ⓔ「大人にとって……友達です」とありますが、筆者が友達をどのような存在として描いているかについて説明した次の文の□に入れるのに適当なことばを、文章中から五字で抜き出して書きなさい。

他者からすれば□なものに見える特徴を、お互いに教え合える存在。

(5) ⓕ「承認欲求」とありますが、筆者の考える「承認欲求」について説明した次の文の□に入れるのに適当なことばを、二十字以内で書きなさい。

他者の力を借りることで、□を知ってそれを試したり、自分の個性を理解したりして、アイデンティティを形成したいと願う気持ち。

(6) 筆者の考えるアイデンティティ形成の具体例として最も適当なのは、**ア**～**エ**のうちではどれですか。一つ答えなさい。

ア 乳児が、親をはじめとした大人たちに世話をしてもらうことで、安全の保障された環境で充分な栄養や睡眠をとり、心身ともに健やかに成長することができた。

イ 幼稚園児が、大人に自転車の乗り方を教えてもらうことで、相手が身に付けている技能を効率よく習得し、これまでよりも簡単に友達の家へ遊びに行くことができた。

ウ 小学生が、以前から興味をもっていた磁石の実験を自らすることで、資料を読んでも理解できなかった磁石の性質を学び、そこから自分の興味を広げることができた。

エ 中学生が、学習活動の一環で指導を受けながら職場体験をすることで、働くことの意義ややりがいを知り、自分自身の適性や将来の夢について考えることができた。

3

(1)	(2)	(3)	(4) X	(4) Y	(5)

4

(1) X	(1) Y	(2)	(3)	(4)	(5)	(6)

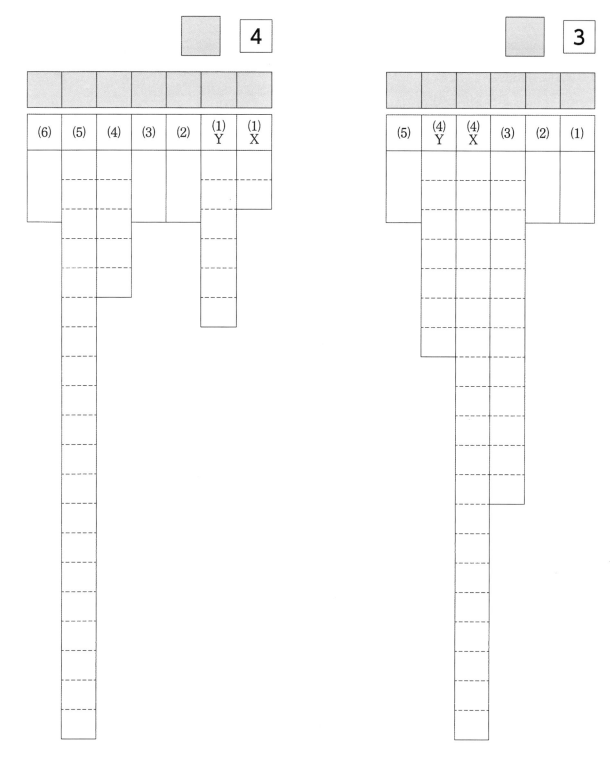